Made in the USA
Monee, IL
02 December 2023

48005718R00066